LES
NOUVELLES A LA MAIN,

VAUDEVILLE EN UN ACTE,

PAR MM. D'ENNERY ET CLAIRVILLE,

Représenté pour la première fois, à Paris, sur le théâtre des Variétés, le 8 août 1843.

DISTRIBUTION :

DE BOURGUEIL , fermier-général............	M. DUSSERT.
LAURE DE TORCY, sa pupille............	Mlle PITRON.
D'AUBIGNÉ , amant de Mme de Prie	M. HAMEL.
DE BRÉVANNES............	M. CACHARDY.
Mme DE PRIE............	Mme JOLIVET.
LE CHEVALIER DE GRAND-MAISON , premier secrétaire du régent............	M. KOPP.
D'AGÉNOIS, jeune page......	Mme ST-HILAIRE.
DE GÉRONDIF, instituteur ...	M. DUMESNIL.
Mme D'EVREMONT	Mme LEFÈVRE.

Mme DE STAIN		Mme BERTHAUD.
DE TORCY,		Mlle MUNIÉ.
GASTON,		Mlle DESPREZ.
H. DE BRÉVANNES		Mlle GRAVE.
DE LAURAGAIS ,	cadets de famille.	Mlle LAMBERT.
D'ESTIGNY ,		Mlle COURTOIS.
D'ESPARVILLE ,		Mlle CHAVIGNI.
DE LANSAC,		Mlle LUCILE.
DE SAINT-GÉRAN,		Mlle JUDITH.
D'ANGENNES ,		Mlle DHARVILLE.
D'ESTRÉE ,		Mlle LÉONTINE.
UN EXEMPT.		
SEIGNEURS ET DAMES.		
GARDES DU PALAIS.		

La scène se passe au Palais-Royal, sous la régence.

Le théâtre représente un riche salon. Au fond, trois ouvertures qui laissent voir une longue galerie. Portes latérales ; celle qui est à droite de l'acteur conduit dans les appartemens du régent. A gauche, une haute cheminée ; à droite, une table chargée de papiers , de plumes, etc. ; fauteuils , causeuses, etc. — Au lever du rideau , les dames sont assises ; les hommes sont debout , appuyés sur leurs fauteuils. Dans le fond , les seigneurs forment différens groupes ; quelques-uns se promènent dans la galerie.

SCÈNE I.

Mme D'EVREMONT, Mme DE PRIE, UNE DAME DE LA COUR, assises à droite ; D'AUBIGNÉ, appuyé au fauteuil de Mme de Prie ; BOURGUEIL, accoudé à la cheminée, causant avec deux seigneurs ; Mme DE STAIN et LAURE DE TORCY, assises à gauche ; SEIGNEURS et DAMES, groupés diversement sur un plan plus élevé.

Mme DE PRIE.

Concevez-vous, Mesdames, l'audace de ce misérable pamphlétaire ?

Mme D'EVREMONT.

C'est indigne !.. attaquer toute la cour !

Mme DE STAIN.

Se jouer des plus grands noms !..

D'AUBIGNÉ.

Et ne pouvoir découvrir l'auteur de ces nouvelles à la main,

DE BOURGUEIL.

Ah ! je donnerais 100 pistoles ! pour qu'on pût s'emparer de lui, le claquemurer à la Bastille !

Mme DE PRIE.

Certes, cela ne peut lui manquer. Le régent ne laissera pas impunies des attaques aussi brutales... des injures aussi lâches !

LAURE.

Mais pour que ces *Nouvelles à la main* vous causent à tous une si grande indignation, vous les avez donc lues ?

Mme DE PRIE.

Nous, lire de pareilles infamies !..

DE BOURGUEIL.

De semblables turpitudes !..

D'AUBIGNÉ.

Nous n'en parlons que par ouï dire.

Mme DE PRIE.

Et il y a des gens à la cour qui se respectent

assez peu pour recevoir, pour encourager, pour répandre de semblables libelles.

Mme D'EVREMONT.
C'est affreux!

Mme DE STAIN.
Epouvantable!

DE BOURGUEIL.
C'est un scandale!

D'AUBIGNÉ.
Une horreur!

DE BRÉVANNES, entrant.
Eh! de quoi parlez-vous donc?

SCÈNE II.

LES MÊMES, DE BRÉVANNES, prenant le milieu de la scène.

DE BOURGUEIL.
Eh! parbleu! cher comte, de quoi voulez-vous que l'on parle, si ce n'est du scandale du jour.

Mme DE PRIE.
De ces infâmes *Nouvelles à la main.*

DE BRÉVANNES.
Comment! vous traitez ainsi nos charmantes petites satires.

TOUS.
Charmantes!

DE BRÉVANNES.
Je quitte monseigneur le régent, qui riait encore aux éclats de la dernière qu'il a lue.

TOUS, se rapprochant de Brévannes.
Monseigneur a ri?

(Les dames se lèvent.)

DE BRÉVANNES.
Il a fait mieux. Pour en connaître le spirituel auteur, il a promis de lui faire compter 500 pistoles sur sa cassette, dès qu'il se nommerait.

TOUS.
500 pistoles!

Mme DE PRIE.
C'est qu'en effet c'est très méchant, mais infiniment spirituel.

DE BRÉVANNES.
Et puis, quel si grand mal y a-t-il à attaquer le ridicule.

Mme D'EVREMONT.
A fronder les travers.

Mme DE STAIN.
Mais c'est de l'équité.

D'AUBIGNÉ.
De la justice.

DE BOURGUEIL.
C'est très méritoire.

DE BRÉVANNES, tirant un papier de sa poche.
Et, tenez, celles de ce matin sont adorables, et pour ma part, j'en ai reçu une délicieuse.

Mme DE PRIE, tirant un papier de son sein.
Et moi, une charmante.

Mme D'EVREMONT, montrant un papier.
Celle-ci est pleine d'esprit et de verve.

Mme DE STAIN, de même.
En voilà une d'une originalité!..

DE BOURGUEIL, de même.
Et celle-ci est d'une méchanceté fort piquante.

LAURE, à part.
Ah! mon Dieu!.. ils en ont tous!.. et ils condamnaient tout à l'heure ceux qui les reçoivent et les répandent.

Mme DE PRIE.
Ecoutez, écoutez celle-ci. (Lisant.) « On assure que le conseiller Baratin, surprenant un galant dans la chambre de sa femme dont les charmes commencent à se passer, se contenta de lui dire : Ah! Monsieur!.. vous qui n'y êtes pas forcé! »

(On rit.)

DE BOURGUEIL.
C'est très joli!

Mme D'EVREMONT.
Délicieux.

D'AUBIGNÉ.
Vivent les nouvelles à la main!..

DE BRÉVANNES.
Ecoutez encore celle-ci.

Mme D'EVREMONT.
Encore une... Ah! bravo!.. Sur qui?

DE BRÉVANNES.
Sur Mme de Soubise, vous savez, cette dame qui a des prétentions en peinture, en littérature...

Mme DE PRIE.
Allez, nous la connaissons tous.

DE BRÉVANNES, lisant.
« Cloé, belle et poète, a deux petits travers :
Elle fait son visage, et ne fait pas ses vers. »

Mme DE PRIE.
Ah! cette pauvre Mme de Soubise, cette épigramme a dû la mettre d'une colère...

(Elle remonte près d'un autre groupe.)

Mme D'EVREMONT.
Mais cet auteur que le régent veut pensionner, pourquoi tient-il à se cacher?

Mme DE STAIN.
D'où vient qu'on ne le connaît pas encore?

DE BOURGUEIL.
Je le connais, moi.

Mme DE PRIE, se rapprochant de de Bourgueil.
Vous, M. de Bourgueil?

DE BOURGUEIL.
Ou, du moins, je crois le connaître... et en confidence je vous avouerai que je soupçonne mon neveu, le chevalier Narcisse de Grand-Maison, le cousin et le futur époux de Mlle de Torcy, ma pupille. Une autre, à sa place, me remercierait, serait heureuse... mais, non, Mlle est d'une indifférence; on dirait qu'elle n'aime pas l'esprit.

Mme DE PRIE, souriant.
Elle est cependant votre pupille.

DE BOURGUEIL.
Ah! marquise, voilà une méchanceté... mais en ma qualité de fermier-général, j'y suis fait. Il est convenu qu'on est bête quand on a de la fortune.

Mme DE PRIE.
Et vous êtes si riche!

LAURE.

Mais qui vous fait croire que le Chevalier soit l'auteur de ces nouvelles?

DE BOURGUEIL.

Il a beau s'en défendre. Tout l'accuse.

LAURE.

Tout l'accuse... Excepté son esprit...

DE BOURGUEIL.

Bah! ce qu'on prend chez lui pour de l'embarras, pour de la gaucherie, n'est que de la gravité... Un homme chargé par le régent d'empêcher la licence... de surveiller les mœurs...

LAURE.

Et qui fait des nouvelles à la main.

DE BOURGUEIL.

Et voilà justement le motif qui l'oblige à se taire, à se cacher... Heureusement, de Brévannes l'a surpris, certain jour, *flagrante delicto*.

Mme D'EVREMONT.

Vous, M. de Brévannes?

DE BRÉVANNES.

Il est vrai. J'étais entré dans son cabinet sans être attendu... et le voyant écrire, je m'étais approché de son bureau, sans que le bruit de mes pas eût attiré son attention... Jugez de ma surprise en voyant à côté de lui une copie de toutes les nouvelles à la main répandues jusqu'à ce jour.

Mme DE PRIE.

Rien de plus naturel... le premier secrétaire du régent.

DE BRÉVANNES.

D'accord; mais ce qui vous paraîtra plus singulier, c'est qu'en m'apercevant il se précipita sur l'écrit qu'il traçait, et le déchira en mille morceaux.

DE BOURGUEIL, à Laure.

J'espère que c'est une preuve.

LAURE.

Pour Dieu! laissons un peu cet éternel sujet. Est-ce donc tout ce qu'il y a d'intéressant à la cour?

D'AUBIGNÉ.

Non pas, c'est aujourd'hui jour de grande présentation.

Mme D'EVREMONT.

Vraiment...

Mme DE PRIE.

Quelque ambassadeur ou quelque nouvelle favorite.

D'AUBIGNÉ.

Oh! du tout, aujourd'hui, nous serons tout à la moralité... On attend au Palais-Royal les élèves de M. de Gérondif; ces cadets gentilshommes doivent être présentés au régent.

Mme DE PRIE.

Ah! ah! les futurs chevaliers de Malte... Eh! mais... je dois avoir un filleul parmi ces jeunes gens.

Mme D'EVREMONT.

Moi, c'est un cousin.

DE BRÉVANNES.

Moi, c'est un neveu, le jeune Henri de Brévannes.

DE BOURGUEIL.

Les élèves de M. Gérondif... Attendez donc,

il me semble que je paie pension pour un de ces cadets.

LAURE.

Pour mon frère... oui, Monsieur.

DE BOURGUEIL.

C'est juste... Il y a eu procès... C'est singulier, il y a toujours procès quand je suis tuteur.

LAURE, gaiement.

Mon frère au Palais-Royal, quel bonheur! Je vais le revoir, et revoir aussi mon cousin Gaston.

DE BOURGUEIL.

Gaston, et c'est parbleu vrai... tiens... je ne pensais plus du tout à lui.

Mme DE PRIE.

Quel est ce jeune homme?

DE BOURGUEIL.

Mon autre neveu... le frère du Chevalier.

TOUS.

Son frère!

DE BOURGUEIL.

Et son frère jumeau...

LAURE.

Pauvre Gaston!

DE BOURGUEIL.

Je vous conseille de le plaindre... Figurez-vous, Messieurs, qu'à la mort de mon frère, j'étais resté seul chargé de ses deux fils encore en bas âge... Mon frère, anobli par le grand roi, devait transmettre la gloire de son blason à l'aîné de ses fils. Jugez de mon embarras, les deux enfans étaient jumeaux; et vous savez qu'en pareille circonstance le droit d'aînesse est toujours très contestable. Je résolus donc de laisser grandir les deux fils de mon frère, afin de pouvoir me décider un jour en faveur du plus digne.

D'AUBIGNÉ.

C'était agir sagement.

Mme DE PRIE.

Et ce fut le Chevalier qui l'emporta sur son frère.

DE BOURGUEIL.

Pouvait-il en être autrement... rien que pour la taille, il l'emportait de trois pouces.

LAURE.

Et c'est sa taille qui a fait prévoir qu'il serait un grand homme.

LE CHEVALIER, en dehors.

Mais non, vous dis-je, ce n'est pas moi.

DE BRÉVANNES.

Et justement, c'est le chevalier de Grand-Maison.

(Tous les personnages remontent vers le fond.)

SCÈNE III.

LES MÊMES, LE CHEVALIER DE GRAND-MAISON.

LE CHEVALIER, à quelques Seigneurs qui entrent avec lui.

Mais non, je ne suis pas l'auteur des *Nou-*

velles à la main, ce pourrait être moi, je le sais bien, je n'aurais qu'à vouloir m'en donner la peine, j'aurais infiniment d'esprit... mais je ne le veux pas, parole d'honneur, je ne le veux pas.

DE BOURGUEIL.

Pourquoi toujours faire le discret?

LE CHEVALIER.

Pourquoi... il est charmant... Mais mon cher oncle, vous oubliez donc que je suis premier secrétaire du régent, que rien ne s'imprime, que rien ne doit se lire, si je ne mets à la fin : Avec approbation et privilége du Roi. C'est au point qu'un jour, à Carpentras, un acteur chargé du rôle de Beverley, dans la tragédie de ce nom, termina la pièce ainsi :

Donnez-moi votre main, ma femme, adieu, je meurs!

avec approbation et privilége du roi.

TOUS.

Ah! ah! ah! ah! ah!

DE BOURGUEIL.

Il est charmant!

Mme DE PRIE.

Chevalier, vos nouvelles de ce jour sont délicieuses.

D'AUBIGNÉ.

L'aventure du Président est impayable. « Vous » qui n'y êtes pas forcé... » Ah! ah! ah! ah!

LE CHEVALIER, avec fatuité.

Décidément, vous voulez me compromettre.

Mme D'EVREMONT.

Et l'épigramme sur Mme de Soubise.

« Elle fait son visage, et ne fait pas ses vers. »

LE CHEVALIER, très fat.

En effet, c'est assez drôle...

DE BOURGUEIL.

Allons, allons, ne vous en défendez plus! C'est vous, n'est-ce pas?

LE CHEVALIER.

Mais non... mais non...

D'AUBIGNÉ.

Qui cela pourrait-il être?

LE CHEVALIER.

Ah! qui cela... qui cela... (A part.) Je veux être pendu si je le sais.

Mme DE PRIE, minaudant.

De Brévannes vous a surpris...

LE CHEVALIER.

Ah! l'indiscret!

Mme D'EVREMONT.

Dissimuler avec nous, c'est mal.

Mme DE PRIE.

Voyons, Chevalier, entre nous, c'est vous, n'est-ce pas?

LE CHEVALIER.

Marquise...

TOUTES LES DAMES, excepté Laure.

C'est vous... c'est vous...

Elles entourent le Chevalier en lui faisant des minauderies.)

Mme DE PRIE.

Oui... c'est vous; nous le croyons fermement.

LE CHEVALIER.

Eh bien! eh bien! croyez-le... (Mouvement.) Je ne peux pas vous empêcher de le croire.

DE BOURGUEIL.

Il avoue.

LE CHEVALIER.

Je n'avoue rien!

Air du Fleuve de la vie.

Ai-je mérité cette gloire
Que je me vois attribuer...
Je veux bien vous le laisser croire,
Mais je ne veux pas l'avouer.
Bien fou celui qui se confesse
L'auteur d'un dangereux écrit.
Je veux bien être homme d'esprit,
Mais sans que ça paraisse.

UN HUISSIER, entrant.

L'école des cadets gentilshommes.

LE CHEVALIER.

Les cadets gentilshommes. Eh! c'est l'école où se trouve mon frère Gaston.

DE BOURGUEIL.

Précisément.

Mme DE PRIE.

Devant eux, Chevalier, pas un mot de vos adorables satires... Songez... des innocens, des cadets de famille ne doivent pas savoir...

L'HUISSIER, entrant.

Les cadets gentilshommes.

SCÈNE IV.

LES MÊMES, DE GÉRONDIF, les élèves marchant deux par deux, dans l'ordre suivant : DE LAURAGAIS, GASTON, HENRI DE BRÉVANNES, DE TORCY, DE LANSAC, D'ESTIGNY, D'ESPARVILLE, D'ESTRÉE, D'ANGENNES et DE SAINT-GÉRAN.

CHOEUR.

(Chanté seulement par les personnages de la scène précédente.)

Il faut, guidant à notre tour
Cette troupe jeune et gentille,
A tous ces cadets de famille
Faire les honneurs de la cour.

(Après ces quatre vers, tous les seigneurs et toutes les dames de la cour se rangent aux ailes, afin de laisser le milieu de la scène entièrement libre. Ce n'est qu'à ce moment que l'on voit les cadets gentilshommes s'avancer dans la galerie, ayant M. de Gérondif à leur tête, et marchant dans l'ordre indiqué plus haut.)

SUITE DU CHOEUR.

Marche modeste,
Regard céleste,
Tout nous atteste
Vertu, candeur.
Tant de jeunesse,
De gentillesse
Nous intéresse
En leur faveur.

REPRISE des quatre premiers vers.

Il faut, guidant, etc.

Mᵐᵉ DE PRIE.

Ils ont l'air fort bien appris.

GÉRONDIF.

Saluez, Messieurs. (Tous les élèves saluent.)
Plus bas, plus bas, vous êtes à la cour.

Mᵐᵉ DE PRIE.

Ah! si Monseigneur le régent n'est pas édifié!

GÉRONDIF.

Ce n'est pas parce que je suis leur professeur,
mais ce sont bien les plus charmans élèves...
une candeur, un jugement, une modestie et des
voix de séraphins.

Mᵐᵉ DE PRIE.

Eh bien! Lauragais.

LAURAGAIS, s'avançant.

Ma marraine.

Mᵐᵉ DE PRIE.

Sommes-nous bien fier d'être présenté à la
cour.

LAURAGAIS.

Fier, ma marraine... oh! non, car la fierté
touche à l'orgueil.

LAURE.

Et vous, mon frère, et vous, mon cousin,
pourquoi ne me parlez-vous pas?

DE TORCY, baissant les yeux,

Bonjour, ma sœur.

GASTON, de même.

Bonjour, ma cousine.

LAURE.

Quel changement!

DE BRÉVANNES, à son neveu.

Mon cher Henri, il faut que je te fasse une
confidence... Je devais, tu le sais, t'avoir un
régiment, mais j'ai pensé qu'élevé dans la pra-
tique des vertus austères, tu ne m'en voudrais
pas si je disposais, en faveur de ton frère aîné,
du brevet de colonel.

HENRI.

Vous avez bien fait, mon oncle.

DE BRÉVANNES.

Ainsi, tu ne regrettes pas ton régiment?

HENRI.

Qui se sert de l'épée, périra par l'épée.

D'AUBIGNÉ.

Et toi, de Lansac... toi, si belliqueux jadis...

DE LANSAC.

C'est une erreur que je déplore chaque jour.

D'AUBIGNÉ.

Mais, en vérité, ce sont des petits saints.

DE BOURGUEIL.

Eh quoi! Chevalier, vous ne dites rien à votre frère. Et toi, Gaston, est-ce que tu ne reconnais personne?

GASTON.

Bonjour, Chevalier.

LE CHEVALIER.

Embrassons-nous, mon frère.

GASTON.

Je le veux bien.

DE BOURGUEIL, à Gaston.

Ah ça! mon ami... il faut que je t'annonce
une bonne nouvelle : je marie ta cousine.

DE TORCY

Ma sœur!

DE BOURGUEIL.

Oui, ta sœur. Je lui fais épouser mon neveu,
le chevalier de Grand-Maison.

DE TORCY.

Le Chevalier!

GASTON.

Mon frère!..

DE BOURGUEIL.

Vous êtes content, n'est-ce pas?

DE TORCY et GASTON.

Oui, sans doute.

LAURE, à de Torcy.

Ainsi, mon frère, vous approuvez ce mariage?

DE TORCY.

Mariage de raison, ma sœur, et la raison, c'est
presque la sagesse.

LAURE, à Gaston.

Et vous aussi, M. Gaston?

GASTON, s'inclinant.

Recevez mes complimens, ma cousine.

LAURE, à part.

Ah! c'est trop fort, et je ne les reconnais plus!

Mᵐᵉ DE PRIE.

M. de Gérondif, vos élèves ont une piété...

DE BOURGUEIL.

Un désintéressement...

D'AUBIGNÉ.

Un respect...

Mᵐᵉ D'EVREMONT.

Une humilité...

DE GÉRONDIF.

Que cela ne vous étonne pas, effet naturel de
mon excellente méthode.

AIR : Le lièvre à l'instant meurt de peur.

Je suis de Gérondif,
Mon esprit excessif
Est instructif
Et très expéditif,
Et l'élève le plus rétif,
Le plus lambin, le plus tardif,
Grace à mon système expressif,
Explicatif
Et progressif,
Devient actif
Et méditatif
Jusques au superlatif.
Chacun d'eux est craintif,
Naïf,
Et primitif.
Nul n'est oisif,
De peur d'être fautif;
Dès le matin pensif.
Chaque élève attentif
Chante un plaintif
Récitatif
Dont le Seigneur est le motif.
Quant au système nutritif,
Pour que nul ne soit maladif.
Je veux qu'il soit apéritif,
Même tant soit peu purgatif.
J'aime assez le confortatif,
Mais au mets le plus tentatif

Je préfère un mets digestif.
C'est justement pour ce motif
Qu'il n'entre pâté ni rosbif
Chez **M.** de Gérondif.

Mme DE PRIE.

Convenez, Mesdames, que le tableau de ces mœurs pures a bien quelques charmes, même après les épigrammes des *Nouvelles à la main.*

GASTON.

Des *Nouvelles à la main!*

DE BRÉVANNES.

Ah! Marquise, le mot vous est échappé.

DE TORCY.

Qu'est-ce que c'est des nouvelles à la main?

LE CHEVALIER.

Comment, ils ne savent pas?

DE GÉRONDIF.

Mes élèves, connaître ces pamphlets indignes!

DE BRÉVANNES.

M. de Gérondif!..

DE GÉRONDIF.

J'ai lu celles d'hier, il n'y a qu'un fat et un athée!..

DE BRÉVANNES.

Prenez garde, vous parlez devant l'auteur.

DE GÉRONDIF.

Eh quoi! M. de Grand-Maison!

LES ÉLÈVES.

Lui!..

LE CHEVALIER.

Mais non! mais non!

DE GÉRONDIF.

Ah! Monsieur, recevez mes complimens... c'est très joli, très joli, très joli... (A part.) Ah! c'est ce monsieur qui fait de pareilles turpitudes!

LE CHEVALIER.

Mais vous disiez tout à l'heure...

DE GÉRONDIF, bas.

Pour ces jeunes gens, vous comprenez...

LE CHEVALIER.

Très bien.

DE GÉRONDIF.

J'entre chez Monseigneur le régent lui demander la permission de lui présenter mes élèves.

D'AUBIGNÉ.

Nous allons vous accompagner... Ces messieurs resteront ici; nous voulons que nos éloges précèdent leur entrée.

DE GÉRONDIF.

Que de bontés! (Au Chevalier.) Monsieur, vos nouvelles sont ravissantes.

CHŒUR.

Air du vaudeville des *Deux Ânes.*

LES SEIGNEURS et LES DAMES.

Chez le régent, nous allons vous conduire,
C'est vous prédire
Les succès les plus grands.
Venez, venez, venez, il en est temps,
Recevoir nos remercîmens.

DE GÉRONDIF.

Chez le régent, vous allez m'introduire,
Daignez l'instruire
De mes enseignemens,
Je veux, il en est temps,
Lui présenter mes jeunes gens.

LES ÉLÈVES.

Chez le régent, vous allez le conduire,
C'est lui prédire
Les succès les plus grands.
Daignez, il en est temps,
Recevoir nos remercîmens.

(Tout le monde sort, excepté les élèves.)

SCÈNE V.

DE TORCY, GASTON, HENRI DE BRÉVANNES, DE LAURAGAIS, D'ESTIGNY, D'ESPARVILLE, DE LANSAC, DE SAINT-GÉRAN, D'ANGENNES, D'ESTRÉE.

GASTON, à de Torcy, qui regardait les personnages entrer chez le régent.

Eh bien?

D'ESPARVILLE.

Ils sont partis!

HENRI.

Ah! l'on m'enlève mon régiment!

GASTON.

Ah! l'on me ravit celle que j'aime!

DE TORCY.

Ah! l'on marie ma sœur sans mon consentement!

DE LAURAGAIS.

Ah! les *Nouvelles à la main* sont des œuvres de l'enfer!

DE LANSAC.

Ah! M. le Chevalier, vous vous parez des plumes du paon!

GASTON.

Vengeance!

TOUS.

Vengeance!..

D'ESTIGNY.

Mais comment nous venger?

DE LANSAC.

Vous ne le devinez pas?

GASTON, désignant une table.

Sur cette table, regardez... de l'encre, des plumes, du papier, nos armes ordinaires, des nouvelles! Messieurs, des nouvelles!

DE TORCY, distribuant le papier et les plumes.

Des mains rapides comme la pensée... et de l'esprit jusqu'au bout des doigts.

HENRI.

Y pensez-vous? ici! dans le palais du régent!

GASTON.

De Saint-Géran fera sentinelle.

DE LANSAC.

Hâtons-nous!

GASTON.

Hâtons-nous! et surtout, mes amis, du mordant, de la verve, et n'oublions pas le régent.

TOUS.

Le régent! Y penses-tu?

DE LANSAC.

A tout seigneur, tout honneur!.. commen-
çons par lui.

DE TORCY.

N'est-ce pas d'ailleurs le Chevalier qui répond
de nos œuvres.

GASTON.

Délicieux! quelque chose de révoltant!

DE TORCY.

Quelque bonne épigramme qui le fasse mettre à la Bastille.

GASTON.

Nous verrons un peu s'il épouse ma cousine
à la Bastille. A l'œuvre!

TOUS.

A l'œuvre!

CHŒUR.

Ecrivons,
Et disons
Tout ce que nous savons.
Médisons,
Noircissons,
Et donnons
Des leçons.

GASTON.

Tous, la plume à la main,
C'est l'ordre que je donne;
Qu'on n'épargne personne,
Tombons sur le prochain!

DE TORCY.

Que la cour,
En ce jour,
De frayeur, pâlisse!

HENRI.

Que malice
Et bons mots
Nous vengent des sots!

DE LAURAGAIS.

Mettons les vices en lumières!

HENRI.

Pour frapper chaque abus nouveau,
Que n'ai-je l'esprit de Molière?

DE LANSAC.

Et moi, la verve de Boileau!

REPRISE DU CHŒUR.

Ecrivons, etc.

D'ESTIGNY.

Mais il faut, pour régler
Nos vengeances intimes,
Faire choix des victimes
Que l'on doit immoler.

DE LAURAGAIS.

Pour la mienne,
O bonheur!
Je prends ma marraine.

DE TORCY.

Moi, je prends mon tuteur.

HENRI.

Moi, notre instituteur.

D'ESTRÉE.

A moi, la probité douteuse!

D'ESTIGNY.

A moi, le vice triomphant!

D'ESPARVILLE.

A moi, Madame de Chevreuse!

GASTON.

A moi, Monseigneur le régent!

(Deux élèves écrivent sur la table à droite, d'autres
écrivent sur leurs genoux, sur un fauteuil, sur
la cheminée; enfin de Torcy est à genoux sur le
devant de la scène et Gaston écrit sur son épaule.)

GASTON, écrivant en parlant.

Vous tous, écoutez. « Sa Majesté Louis XV
»est gouverné par Monseigneur le régent, qui
»lui-même est gouverné par Mme de Parabère,
»qui se laisse gouverner par M. de Nocé, le-
»quel est gouverné par trois danseuses de l'O-
»péra... Comment se fait-il qu'avec tant de
»gouvernans l'état soit si mal gouverné?»

TOUS.

Bravo!

REPRISE DU CHŒUR.

C'est charmant,
Maintenant,
Il faut être méchant,
Et ce trait si piquant
Blessera le régent.

(Les élèves écrivent sur cette reprise.)

GASTON.

Eh bien! est-ce fait?

DE TORCY.

J'ai fini. (Lisant.) D'Aubigné, le bel esprit,
pour prix de l'amitié de Prie, devint épris et
prie Mme de Prie.

TOUS.

Bravo! bravo!

HENRI.

Voilà qui est terminé.

DE LANSAC.

Finis coronat opus.

GASTON.

Ce que c'est que la méchanceté... cela s'im-
provise. Il ne s'agit plus maintenant que de
faire semer adroitement ces nouvelles.

DE TORCY.

Heureusement nous avons sous la main notre facteur ordinaire... ce cher d'Agénois.

LAURAGAIS.

Qui de nous va se rendre au palais?

HENRI.

Moi, si vous voulez...

D'ESTIGNY.

Mais si M. de Gérondif nous faisait appe-
ler?..

HENRI, *prenant toutes les nouvelles qu'on vient d'écrire.*

Vous trouverez une excuse... d'ailleurs, je vais me hâter...

(Il sort avec toutes les nouvelles.)

TOUS LES ÉLÈVES, *remontant avec Henri.*

Dépêche-toi ! dépêche-toi !

GASTON, *redescendant la scène.*

Ce cher d'Agénois, notre ancien condisciple, comment, sachant qu'on nous amenait ici, ne s'est-il pas trouvé sur notre passage ?

DE TORCY.

Qu'il est heureux, lui, il a quitté notre affreux collége... Il est aujourd'hui page du régent. Quelle différence entre nous.

AIR : *Duo des Deux Maîtresses.*

De ce collége
Où l'ennui siége
Pauvres captifs, nous ne pouvons sortir.
Prison funeste
Où l'on ne reste
Que pour pleurer, travailler et souffrir.

DE LAURAGAIS.

Un bon dîner est chose que je prise;
Jugez, alors, si je suis irrité.
Notre tyran a mis ma gourmandise
A la diète à perpétuité.

D'ESPARVILLE.

Quand la sottise
Nous moralise
En nous montrant le paradis ouvert ;
Par des supplices,
Des injustices,
De ce bas-monde on nous fait un enfer.

DE LANSAC.

Moi, que les dieux ont fait un peu poète
Je dois blanchir sur un vieux rudiment.

DE TORCY.

Moi, qui tressaille au bruit de la trompette,
Je suis réduit à jouer du serpent.

D'ESTIGNY.

J'aime la danse
Mais elle offense
Et scandalise un pédant inhumain.

D'ESTRÉE.

Moi qui veux rire,
Je ne puis lire
Que saint Thomas ou bien saint Augustin.

GASTON.

Lorsque je rêve un ange tutélaire...
J'en suis réduit, pour apaiser mes feux,
A courtiser notre vieille portière,
Qui n'a qu'un œil pour me faire des yeux.

REPRISE.

De ce collége, etc.

D'AGÉNOIS, *en dehors.*

Mais, où sont-ils, où sont-ils donc, ces chers amis ?

SCÈNE VI.

LES MÊMES, D'AGÉNOIS.

GASTON.

C'est lui, c'est d'Agénois.

D'AGÉNOIS.

Oui, d'Agénois qui vient d'apprendre l'arrivée des cadets de famille au Palais-Royal, et qui accourt bien vite serrer la main à d'anciens camarades.

DE TORCY.

Ce cher d'Agénois.

D'AGÉNOIS.

Ah ! ça, donnez-moi donc des nouvelles du collége... Y est-on toujours bien sage ?

D'ESTRÉE.

Comme des images.

D'AGÉNOIS.

Et notre vieux professeur... ce bon M. Gérondif, est-il toujours aussi gras, aussi bête ?

DE LAURAGAIS.

Oh ! il y a progrès.

D'AGÉNOIS.

C'est juste ! on acquiert avec l'âge, comme il disait...

DE LANSAC.

Et il a fièrement acquis.

D'AGÉNOIS.

Si vous saviez quel effet vous avez produit à la cour...

D'ESTRÉE.

Nous ?..

D'AGÉNOIS.

On s'arrache vos nouvelles à la main.

D'ESTIGNY.

Vraiment !

D'AGÉNOIS.

Le régent a voulu les connaître.

DE LAURAGAIS.

En vérité !

D'AGÉNOIS.

Et il en a tant ri, mais tant ri... qu'il a promis à l'auteur cinq cents pistoles sur sa cassette.

TOUS.

Cinq cents pistoles!..

D'AGÉNOIS.

Vous jugez que j'ai bien vite exploité la circonstance : à la cour il faut profiter des bons mouvemens, d'autant plus que j'avais appris que le chevalier de Grand-Maison, dont je suis l'ami intime, se laissait accuser de vos œuvres. Aussi, sans vous prévenir, j'ai tout de suite informé Monseigneur le régent que vous seuls méritiez ses éloges et la récompense.

GASTON.

Hein ? comment ?

DE TORCY.

Tu as fait savoir...

DE LANSAC.

Au régent ?

D'AGÉNOIS.

A lui-même.

DE LAURAGAIS.

Que nous étions les auteurs ?

D'AGÉNOIS.

Des *Nouvelles à la main.*

GASTON.

Ah ! malheureux, tu nous a perdus.

D'AGÉNOIS.

Perdus !

DE TORCY.

Apprends que tout à l'heure, ici même.

D'AGÉNOIS.

Eh bien ?

DE LAURAGAIS.

Nous avons repris la plume.

D'AGÉNOIS.

A merveille !

DE LANSAC.

Nous avons attaqué toute la cour.

D'AGÉNOIS.

Bravo !

D'ESTRÉE.

Le régent lui-même...

D'AGÉNOIS.

Le régent !.. Ah ! diable !

D'ESPARVILLE.

Oh ! cette fois, je t'assure qu'il ne rira pas.

D'AGÉNOIS.

Malheureux ! qu'avez-vous fait?.. et moi-même... maudite précipitation !

GASTON.

La Bastille, mes amis.

TOUS, consternés.

La Bastille.

D'ESTRÉE.

Mais quelle preuve as-tu donnée contre nous?

D'AGÉNOIS.

Une preuve irrécusable... les lettres que chacun de vous m'écrivait en m'envoyant sa part des nouvelles à la main.

DE LANSAC.

Alors plus d'espérance !

D'AGÉNOIS.

Mais celles que vous venez d'écrire, qui donc avez-vous chargé de les distribuer ?

DE TORCY.

Henri, qui vient de nous quitter pour les porter à ton hôtel.

D'AGÉNOIS.

Henri de Brévannes... je ne l'ai pas vu ; peut-être est-il temps encore...

D'ESPARVILLE.

Ah ! courons.

TOUS.

Courons !

SCÈNE VII.

LES MÊMES, HENRI DE BRÉVANNES.

HENRI, entrant.

Me voici de retour.

DE LANSAC.

Enfin, c'est toi, nous étions d'une impatience.

DE TORCY.

Et d'une inquiétude.

HENRI.

Ah ! oui ! parce que je me suis croisé avec d'Agénois... Rassurez-vous, cela n'a rien changé à l'affaire.

TOUS.

Comment?

HENRI.

J'ai trouvé chez ce cher ami son fidèle Jasmin.

D'AGÉNOIS.

Mon valet de chambre.

HENRI.

Juste. Ce bon Jasmin s'est chargé de notre commission avec un dévouement, une activité... il est sorti avec moi...La distribution marche, et je parie qu'à l'heure qu'il est...

DE LAURAGAIS.

A l'heure qu'il est, nous sommes sur le chemin de la Bastille.

HENRI.

Hein ! qu'est-ce que cela veut dire ?

DE TORCY.

Le régent sait de qui sont *les Nouvelles à la main.*

HENRI.

Il se pourrait !

D'AGÉNOIS.

Ah ! mes amis, combien vous devez m'en vouloir.

HENRI.

Et moi, qui ai précisément recommandé à Jasmin la lettre de Monseigneur.

DE LANSAC.

Il ne manquait plus que de mettre sur l'enveloppe : *Très pressé.*

DE TORCY.

Ah ! nous sommes perdus.

ENSEMBLE.

Air de Fra Diavolo.

Oui, c'en est fait, plus d'espérance !
Que va dire le régent ?
Il voudra venger son offense,
Et la Bastille nous attend.

D'AGÉNOIS.

Je vais prier pour vous Madame Parabère.

GASTON.

Nous l'avons attaquée ainsi que le régent.

D'AGÉNOIS.

Mais Monsieur de Nocé ?

DE TORCY.

Lui-même.

D'AGÉNOIS.

Que faire ?

Ils ont donc attaqué tout le gouvernement.

REPRISE.

C'en est fait, etc.

DE LAURAGAIS, qui était au fond.

Chut! voici le chevalier de Grand-Maison qui sort de chez le régent.

SCÈNE VIII.

LES MÊMES, LE CHEVALIER.

LE CHEVALIER, à part, un paquet de lettres à la main.

Heureux hasard! C'est le ciel qui me protège!

DE LANSAC.

Quel air sérieux et préoccupé!

LE CHEVALIER.

Les voici... En vérité, plus je les regarde, moins je puis croire...

DE TORCY.

Comme il nous examine.

LE CHEVALIER, à part.

C'est égal... profitons de la découverte. (Haut.) Ah! c'est vous, Messieurs...

HENRI.

Quel regard sévère!

LE CHEVALIER.

Je sors de chez monseigneur; il sait tout.

TOUS.

Juste ciel!

LE CHEVALIER.

N'avez-vous pas de honte?

DE TORCY.

Monsieur...

LE CHEVALIER.

Des collégiens! des écoliers! Voilà donc le fruit des leçons qu'on vous donne?

DE LAURAGAIS.

Oh! nous avons eu tort.

D'ESPARVILLE.

Nous ne le ferons plus.

DE LANSAC.

Jamais de la vie.

LE CHEVALIER.

Savez-vous bien, Messieurs, quel châtiment vous avez mérité?

TOUS, excepté Gaston.

Grace! pitié!

LE CHEVALIER.

Écoutez, Messieurs... je quitte le régent, qui, profondément scandalisé de votre conduite, mais indulgent pour votre âge, consent à vous pardonner à deux conditions.

TOUS.

Parlez... parlez...

LE CHEVALIER.

La première, c'est que de votre vie vous ne recommencerez ce que vous avez fait.

TOUS, excepté Gaston.

Jamais!

LE CHEVALIER.

Vous le jurez!

TOUS, excepté Gaston.

Nous le jurons!

LE CHEVALIER.

C'est bien! La seconde condition que Monseigneur met à sa clémence, c'est que vous ne direz à personne d'où sont sorties ces nouvelles à la main, et que, même en sa présence, vous feindrez la candeur la plus chaste, l'innocence la plus complète.

HENRI.

Eh! quoi! nous ne pourrons même le remercier de la grace qu'il nous accorde.

LE CHEVALIER.

Gardez-vous en bien... A la cour, les murs ont des oreilles. Promettez-vous enfin de ne plus écrire de *Nouvelles nouvelles*... et de nier constamment en avoir écrit?

TOUS, excepté Gaston.

Nous le promettons.

LE CHEVALIER.

A ces deux conditions, le régent vous fait grace.

TOUS.

Quel bonheur!

GASTON, à part.

Moi, je n'ai rien promis... Cela n'est pas clair... et je veux savoir...

LE CHEVALIER.

Allez... M. de Gérondif vous attend auprès de Son Altesse.

ENSEMBLE.

Air : Cocorico.

Je compte sur votre promesse.
Allons, faites votre devoir,
Mais songez bien que Son Altesse
Veut feindre de ne rien savoir.

LES ÉLÈVES.

Nous tiendrons tous notre promesse;
Nous nous tairons, c'est un devoir,
Puisqu'il est vrai que Son Altesse
Veut feindre de ne rien savoir.

HENRI.

Quelque chose que l'on me dise,
Seigneur, je dissimulerai.

LE CHEVALIER, à part.

De la gloire qu'ils ont acquise,
C'est moi seul qui profiterai.

TOUS.

Je compte,
Nous tiendrons, etc.

(Les élèves sortent.)

SCÈNE IX.

LE CHEVALIER, D'AGÉNOIS.

LE CHEVALIER.

Ah! maintenant, ma fortune est faite, mon cher d'Agénois... Je puis dormir sur les deux oreilles.

D'AGÉNOIS.

Comment cela?

LE CHEVALIER.

Puisque tout le monde, à la cour, me fait honneur de ces charmantes petites satires.

D'AGÉNOIS.

Tu ne veux pas détruire cette flatteuse erreur.

LE CHEVALIER.

C'est toi qui l'as deviné. Tu viens d'entendre nos jeunes cadets... ils ont juré de garder le secret.

D'AGÉNOIS.

Et ils tiendront leur serment.

LE CHEVALIER.

J'y compte. Ainsi, j'aurai la gloire du passé, les 500 pistoles du présent, et la sécurité de l'avenir.

D'AGÉNOIS.

Mais si le régent vient à savoir...

LE CHEVALIER.

Impossible.

D'AGÉNOIS.

Il peut exister des preuves.

LE CHEVALIER, en confidence.

Il n'en existe plus.

D'AGÉNOIS.

Comment ?

LE CHEVALIER.

Une idée que j'ai eue...

D'AGÉNOIS.

Tu as eu une idée ?

LE CHEVALIER.

Ça t'étonne ?

D'AGÉNOIS.

Oui.

LE CHEVALIER.

C'est pourtant bien simple. Comme premier secrétaire, je dois examiner toutes les brochures, tous les papiers qu'on envoie à Son Altesse.

D'AGÉNOIS.

Eh bien ?

LE CHEVALIER.

Eh bien ! j'ai retenu ce paquet de lettres.

D'AGÉNOIS.

Celles que j'ai adressées au régent ?

LE CHEVALIER.

Oui ; et comme toi seul es dans la confidence, je me suis dit : Ce n'est pas d'Agénois, mon ami, mon confident, qui me trahirait.

D'AGÉNOIS.

Ah ! fi donc !

LE CHEVALIER.

Juge de mon étonnement en trouvant là le nom de ces petits coupables.

D'AGÉNOIS.

Alors, le régent ignore tout ?

LE CHEVALIER.

Tout absolument... puisque c'est moi qui ai décacheté...

D'AGÉNOIS.

Bravo !

Air : Aux vacances, c'est l'ordinaire.

Ainsi, mon cher, de ces *Nouvelles*
Tu vas te proclamer l'auteur ?

LE CHEVALIER.

Ces adorables bagatelles
Doivent me faire ici beaucoup d'honneur.
En fait d'esprit, disons mieux, de génie,
Le prix se donne à qui l'attire à soi ;

Et j'en connais, de notre académie,
Qui ne l'ont pas plus mérité que moi.

D'AGÉNOIS, à part.

A merveille... il ne se doute pas que d'autres nouvelles sont en circulation. (Au Chevalier.) Je t'approuve, mon ami, je t'approuve... il ne te reste plus qu'à déchirer ces billets.

LE CHEVALIER.

Pourquoi ?

D'AGÉNOIS.

Si tu les égarais... si on les trouvait chez toi ?

LE CHEVALIER.

C'est vrai ; mais les détruire, c'est peut-être imprudent... Si ces messieurs allaient...

D'AGÉNOIS.

Un moyen : donne-les-moi. (Il les lui arrache.) Si jamais tu en as besoin, tu sauras où les retrouver. (A part.) Mes amis sont sauvés !

LE CHEVALIER.

Mais, pourtant...

D'AGÉNOIS.

Désormais, tu as raison. Tu peux être sans inquiétudes... Quelqu'un... C'est M. de Brévannes... (A part.) Comme il a l'air furieux !.. c'est l'orage qui éclate.

LE CHEVALIER.

Mais je réfléchis !.. Dis donc, ces lettres...

D'AGÉNOIS, sortant en courant.

Au revoir, Chevalier ; tu peux compter sur moi.

SCÈNE X.

LE CHEVALIER, d'abord seul ; puis, DE BRÉVANNES et DE BOURGUEIL ; ensuite, D'AUBIGNÉ.

LE CHEVALIER, courant après lui.

D'Agénois ! d'Agénois !! — Oh ! c'est un ami, je puis me fier à sa discrétion... Allons, allons, voilà une affaire excellente. (Il se laisse tomber dans un fauteuil.) Je vais passer, au Palais-Royal, pour un seigneur infiniment spirituel... chacun me fera sa cour, on me craindra, je serai la terreur des maris... l'enfant chéri des dames.

DE BRÉVANNES, qui est entré pendant ce temps et est allé s'appuyer sur un des côtés du fauteuil.

Chevalier, vos *Nouvelles* sont charmantes.

LE CHEVALIER, à part, haut.

Ça commence... ça commence... Ah ! vous trouvez, mon bon ?

DE BOURGUEIL, qui est entré presque en même temps et est allé s'appuyer de l'autre côté du fauteuil.

Mon neveu, vos petits pamphlets sont infiniment spirituels.

LE CHEVALIER.

Oui, j'en conviens... J'ai de l'esprit... j'ai beaucoup d'esprit.

DE BRÉVANNES.

Celle que vous avez faite sur moi et sur la comtesse fera long-temps rire à la cour.

LE CHEVALIER.

Oui, oui, je crois qu'elle fera long-temps rire.

DE BOURGUEIL.

Celle qui me concerne est une de vos plus mordantes épigrammes.

LE CHEVALIER.

Allons, allons, j'en conviens, elle est mordante.

DE BRÉVANNES, tirant un papier de sa poche et lisant.

« Après une querelle entre le comte et la » comtesse de Brévannes, querelle dont le motif » était un riche mantelet de dentelles, le pauvre » mari, réduit à demander sa grace, mit lui-» même le mantelet sur les épaules de la Com-» tesse en lui disant : Jetons un voile sur le pas-» sé. » Sur le passé est charmant.

LE CHEVALIER.

Oui, sur le passé est assez... charmant. (A part.) Je ne connaissais pas cette nouvelle-là...

DE BOURGUEIL, tirant également un papier de sa poche et lisant.

« On prétend que certain soir où l'on jouait » à pigeon-vole chez la marquise de Lansac, le » duc de Richelieu s'étant écrié : Bourgueil » vole !.. toute la société leva la main. »

LE CHEVALIER, à part, après avoir ri.

Je ne connaissais pas non plus celle-là.

DE BRÉVANNES.

Jetons un voile sur le passé est fort plaisant, M. le Chevalier.

DE BOURGUEIL.

De Bourgueil vole est délicieux, M. le bel esprit.

LE CHEVALIER.

Oui, c'est drôle, c'est très drôle.

DE BRÉVANNES.

Monsieur, vous m'en ferez raison.

LE CHEVALIER.

Hein?

DE BOURGUEIL.

Mon neveu, je vous attaque en calomnie.

LE CHEVALIER.

Plaît-il?

DE BRÉVANNES.

Ah! j'ai des querelles au sujet d'un mantelet.

DE BOURGUEIL.

Ah! de Bourgueil vole...

LE CHEVALIER, à part.

Est-ce que les petits scélérats écriraient encore?

DE BRÉVANNES.

C'est un duel à mort.

DE BOURGUEIL.

Je vous attaque en diffamation.

LE CHEVALIER.

Ah! mais, un instant! Alors, ce n'est pas moi!

DE BRÉVANNES et DE BOURGUEIL.

Allons donc!

LE CHEVALIER.

J'ai des preuves! c'est-à-dire... non... je n'en ai plus. (Appelant.) D'Agénois!

D'AUBIGNÉ, entrant.

Ah! je vous trouve à propos, M. le Chevalier! Vous me rendrez raison de cette impertinente satire!

LE CHEVALIER.

Encore un duel!

DE BRÉVANNES, à d'Aubigné.

Eh! quoi!.. vous aussi, d'Aubigné?

D'AUBIGNÉ.

Et Mme de Chevreuse... et Mme de Prie... toute la cour.

HENRI.

C'est indigne !

DE BOURGUEIL.

Hier, le barreau; aujourd'hui, la finance et l'épée.

DE BRÉVANNES.

La noblesse !..

LE CHEVALIER.

Mais quand je vous dis que j'ai des preuves... non, je n'en ai plus. (Appelant.) D'Agénois!

(On a vu Gaston sortir de chez le régent, et, caché derrière une colonne, écouter la fin de cette scène.)

ENSEMBLE.

Air : Savonnette impériale.

Cette conduite étrange,
Vraiment, n'a pas de nom ;
Il faut que je me venge
De cette trahison.

D'AUBIGNÉ, au Chevalier.

Crains ma fureur, trop long-temps combattue.

DE BRÉVANNES.

Je veux le tuer le premier.

LE CHEVALIER.

Alors, si le premier me tue,
Que me fera donc le dernier?

REPRISE.

Cette conduite, etc.

(De Bourgueil, de Brévannes et d'Aubigné sortent par le fond.)

SCÈNE XI.

LE CHEVALIER, GASTON.

GASTON, regardant son frère.

Allons, allons, ça a joliment marché... Ce pauvre frère!..

LE CHEVALIER.

Deux duels! un procès en calomnie, la colère des dames de la cour... Aussi moi, chevalier de Grand-Maison, vouloir passer pour un homme d'esprit... on n'est pas bête comme ça. (Apercevant Gaston.) Ah! c'est vous, M. mon frère !

GASTON.

Oui, Monsieur, votre cadet qui, témoin des outrages faits à notre nom, vient réclamer une part dans la vengeance... Vous avez deux duels... j'en veux un.

LE CHEVALIER.

Rien qu'un ?

GASTON.

Ah ! mon frère...

LE CHEVALIER.

Écoutez donc ! Je ne suis pas un homme d'é-
pée... je suis un homme de plume... et, d'ailleurs, vous savez mieux que personne que ces
satanées *Nouvelles à la main* ne sont pas de
moi.

GASTON.

Ce matin, pourtant, vous en conveniez...
Mais ne perdons pas de temps... (Lui prenant
son épée.) et, pour commencer, votre épée...

LE CHEVALIER.

Comment ! mon épée ?.. Voulez-vous bien me
la rendre ? Vous allez vous blesser.

GASTON.

Soyez tranquille, M. de Grand-Maison.

Air : Je puis la recevoir encor,

Je vais trouver vos adversaires.

LE CHEVALIER.

Mon Dieu ! pourquoi tant vous presser ?

GASTON.

Je prends sur moi les deux affaires.

LE CHEVALIER.

Prenez garde de vous blesser.

GASTON.

Si, pour flétrir mainte équipée,
D'une plume j'arme mon bras,
Croyez qu'en tenant une épée,
Cette main ne tremblera pas ;
Non, s'il faut tenir une épée,
Cette main ne tremblera pas.

(Il sort.)

SCÈNE XII.

DE GRAND-MAISON, seul ; puis, DE TORCY,
HENRI DE BRÉVANNES, DE LANSAC, DE
LAURAGAIS, D'ESPARVILLE, D'ESTRÉE.

LE CHEVALIER, suivant Gaston.

Gaston !., Gaston !.. c'est qu'il y va !.. Il est
d'une intrépidité !.. (On entend des éclats de rire.)
Allons, qui vient encore ?.. Ah ! ce sont les cadets qui sortent de chez le régent.

LES CADETS.

Air :

A des
Cadets
Faire fête,
Aussi complète,
Régent
Clément,
Combien mon cœur se repent !
A toi,
Ma foi,
Ma tendresse,

Ma jeunesse.
Tous les
Cadets
Sont tes fidèles sujets.

DE TORCY.

Et quels petits gâteaux exquis !
La main royale,
Qui nous régale,
Ne saurait, tel est mon avis,
Qu'illustrer son pays.

REPRISE.

A des
Cadets, etc.

DE LAURAGAIS.

Et de nos *Nouvelles à la main,* pas un mot.

LE CHEVALIER.

J'en ai eu des mots, moi, Monsieur, et de
très vilains, à cause de vous... Après ce que
vous m'aviez promis... juré... inonder encore
la cour de *Nouvelles* plus méchantes, plus per-
fides que les premières.

DE TORCY.

Nous avons tenu nos promesses.

LE CHEVALIER.

Mais ces nouvelles satires ?

DE LAURAGAIS.

Ont été improvisées, ici même, un quart
d'heure avant votre arrivée.

LE CHEVALIER.

Bone Deus !.. dans le palais du régent ! sur
la table du régent !!... avec les plumes du régent !...

DE TORCY.

Et même contre le régent !

LE CHEVALIER.

Contre le régent !.. Il y en a une contre le
régent ? mais c'est affreux !.. c'est abominable !
et je cours...

SCÈNE XIII.

LES MÊMES, TOUTE LA COUR, UN EXEMPT.

(Sur la ritournelle du chœur et au dehors.)

Mᵐᵉ D'EVREMONT.

C'est indigne !

Mᵐᵉ DE PRIE.

C'est épouvantable !

DE BOURGUEIL.

Cela crie vengeance !

TOUS LES SEIGNEURS.

Vengeance !

CHŒUR.

Air

Le régent, quand on l'offense,
Ne peut toujours pardonner.
Et l'heure de la vengeance
Pour nous va bientôt sonner.

DE BOURGUEIL.

Monsieur l'exempt, faites votre devoir. (Montrant le Chevalier.) Voici le coupable.

LE CHEVALIER.

Qu'est-ce à dire ?

DE BOURGUEIL.

Que le régent vous envoie à la Bastille.

DE GÉRONDIF.

Et il le mérite bien... m'avoir attaqué aussi... moi, de Gérondif!..

LE CHEVALIER.

A la Bastille, moi ?..

DE BOURGUEIL.

Comme auteur des *Nouvelles à la main.*

LE CHEVALIER.

Comme auteur des... en ce cas, arrêtez donc ces Messieurs.

(Il montre les cadets gentilshommes.)

TOUS.

Ces Messieurs ?

DE GÉRONDIF.

Mes élèves ?

LES ÉLÈVES.

Nous ?

LE CHEVALIER.

Ce sont les véritables auteurs des nouvelles.

LES ÉLÈVES.

Ah! par exemple !

TOUS LES SEIGNEURS.

Allons donc !

DE BOURGUEIL.

Ces enfans!.. Vous êtes fou, mon cher.

Mᵐᵉ DE PRIE.

C'est une calomnie... eux si candides, si innocens! On ne vous croira jamais.

LE CHEVALIER.

Mais avouez... avouez donc, Messieurs.

DE TORCY.

Nous le voulons bien...

LE CHEVALIER.

Ah! il avoue... en voilà un qui avoue.

DE TORCY.

Le mensonge peut-être excusable, quand il a pour but de sauver un infortuné.

LE CHEVALIER.

Le mensonge!.. Mais c'est la vérité... la vérité qu'on vous demande.

DE LAURAGAIS.

Alors... nous avouons que ne connaissons même pas... les *Nouvelles à la main...*

TOUS.

C'est vrai... c'est bien vrai!..

TOUTE LA COUR.

A la bonne heure !

LE CHEVALIER.

Comment, vous osez soutenir...

D'ESTIGNY, bas.

Mais vous nous avez fait jurer de nous taire.

D'ESPARVILLE, bas.

Nous avons fait serment de tout nier...

DE LAURAGAIS, bas.

C'est vous-même qui l'avez exigé...

LE CHEVALIER.

Mais c'est que c'est vrai, je leur ai dit moi-même...

DE BOURGUEIL.

Allons, M. l'Exempt, faites votre devoir.

LE CHEVALIER.

Un instant!.. (Apercevant Gaston qui ne se montre point encore.) Ah! la preuve que ces Messieurs sont les vrais coupables, c'est que l'un d'eux a tout pris sur son compte... les affaires, les procès et les duels.

(Gaston paraît au fond.)

TOUS.

Un de nous ?

LE CHEVALIER, aux élèves.

Oui... votre ami, Gaston... mon frère! (Allant à Gaston et le ramenant sur le devant de la scène.) Tenez, l'infortuné s'est battu pour...

GASTON.

Pour défendre notre honneur, que vous laissez attaquer, mon frère.

LAURE.

Il est blessé !

GASTON.

Une égratignure. Et maintenant, direz-vous encore que je suis le cadet de la famille ?

AIR : Comme il m'aimait.

Je suis l'aîné,
Bien que nous soyons du même âge,
Ce titre doit m'être donné.
Je suis l'aîné,
Vous aviez supporté l'outrage,
Je l'ai vengé par mon courage.
Je suis l'aîné.

LAURE.

A la bonne heure !.. je reconnais mon cousin.

DE BOURGUEIL

Il a raison. Je le décrète l'aîné de la famille. Qu'il reprenne tous ses droits.

GASTON.

Je commence par reprendre ma cousine.

LE CHEVALIER.

Eh bien! j'y consens; mais que mon innocence éclate à tous les yeux. D'Agénois, rends-moi mes lettres.

D'AGÉNOIS.

Quelles lettres ?

LE CHEVALIER.

Celles de ces Messieurs, qui prouvaient qu'ils sont seuls coupables.

D'AGÉNOIS.

Tu es fou. Je n'en ai pas.

LE CHEVALIER.

Tu n'en as pas ?

D'AGÉNOIS.

Mais non. (Bas.) Puisque je les ai brûlées.

LE CHEVALIER.

Il était leur complice.

DE BOURGUEIL.

Eh bien! Monsieur, êtes-vous assez confondu?

LE CHEVALIER.

Oui, confondu est le mot.

GASTON.

Vous irez à la Bastille, mon frère, (Bas.) pour

quinze jours seulement, a dit le régent. (Haut.)
Mais à l'avenir, confessez bravement votre faute
et n'en accusez plus des innocens comme nous.

LE CHEVALIER.

Des innocens!

DE LAURAGAIS.

Médire de ma marraine!

DE TORCY.

Attaquer mon tuteur!

HENRI.

Se moquer de notre digne professeur!..

TOUS.

C'est affreux! A la Bastille.

REPRISE DU CHOEUR.

Le régent, quand on l'offense, etc., etc.

(Le Chevalier sort avec l'exempt.)

GASTON, aux cadets.

Et vous, mes amis, retournez dans notre pai-
sible retraite, oubliez la méchanceté de ce
monde.

DE TORCY.

Et ces affreuses nouvelles dont on nous accu-
sait d'être les auteurs.

TOUS.

Oh! oui.

GASTON, au milieu d'eux.

Adieu, mes amis. (Bas.) C'est à moi que vous
les enverrez à l'avenir.

D'AGÉNOIS.

Nous serons deux pour les distribuer.

TOUS, bas.

C'est convenu.

VAUDEVILLE FINAL.

Air : Dans Olivier Basselin.

D'AGÉNOIS.

Cependant on peut bien dire
Une petite satire.
Pour moi tout ce qui fait rire
Ne me cause aucun chagrin.
Voulez-vous, pour nous distraire,
Attaquer la cour entière?
Ici nous allons tous faire
Une nouvelle à la main.
Dès demain
Ces nouvelles à la main,
Dès demain
Feront du chemin.

TOUS.

Dès demain, etc.

D'ESPARVILLE.

Certain homme de police ;
S'écriait avec malice :
Rien n'échappe à ma justice,
J'arrète tous les filous.
Sa femme se mit à rire,

Car un cousin qu'elle attire
Était là qui semblait dire :
Vous ne les prenez pas tous.
Dès demain, etc.

HENRI.

Marion portait sur elle
Un mantelet de dentelle;
Cette parure nouvelle
Est, dit-elle. d'un grand prix.
Mais Richelieu, qui l'écoute,
Lui répond : C'est cher, sans doute;
Mais pour ce que ça te coûte,
C'est presque donné gratis.

TOUS.

Dès demain, etc.

DE TORCY.

Du vieux marquis de Soubise,
La constance est la devise ;
Il embrasse la marquise
Comme un amant fort épris.
Mais, las! pour lui quel mécompte!
D'après ce que l'on raconte,
La marquise à certain comte
Rend les baisers du marquis.

TOUS.

Dès demain, etc.

GASTON.

A son mari débonnaire
Madame de Parabère
Criait : Avec mon notaire,
Monsieur, je consulte ici!
Or, sachez que ce notaire
Était un gai mousquetaire,
Et l'on prétend que l'affaire
Intéressait le mari.

TOUS.

Dès demain, etc.

Mme DE PRIE.

De Lauzun, que rien n'étonne,
Courtisant une baronne,
Devant l'époux en personne
Lui disait je ne sais quoi.
Le baron s'écrie : Infame!
Pour qui prenez-vous ma femme?
De Lauzun répond : Mais, dame!
Mon cher, je la prends pour moi.

TOUS.

Dès demain, etc.

DE BOURGUEIL.

On dit qu'un grand capitaine,
Vrai Bayard, nouveau Turenne,
Au combat l'autre semaine
Mit à mort un ennemi.
Mais sa femme en son absence
Donnait un fils à la France.
C'était réparer, je pense,
Le mal fait par son mari.
Dès demain, etc.

DE GÉRONDIF.

Du bois on fait des banquettes,
Du bois on fait des cassettes
Du bois on fait des tablettes,

On fait tout avec du bois.
Du bois l'usage est immense,
Du bois on abuse en France,
Car voilà que la régence
Fait un cardinal Dubois.

TOUS.

Dès demain, etc.

LAURE, au public.

De nos petites malices
Nos deux auteurs sont complices.
Ils sont là dans les coulisses
Craignant un fâcheux destin.
Calmez leurs frayeurs mortelles !
Du succès de leurs nouvelles,
Envoyez-nous des nouvelles,
Des nouvelles à la main.
Frappez fort, que soudain
Nos nouvelles à la main
Dans Paris, dès demain,
Fassent du chemin.

TOUS.

Frappez fort, etc., etc.

FIN.

S'adresser, pour la musique de cette pièce, à M. NARGEAUD, chef d'orchestre du théâtre des Variétés.

Impr. de Mme DE LACOMBE, r. d'Enghien, 12.